René Sommer · Eine Frage der Libelle

*Zuletzt erschienen (edition jeu-littéraire):*

*Das Popcorn und die Vögel. Kurzgeschichten. ISBN: 978-3-7448-6475-6*

*Woanderswoher. Roman. ISBN: 978-3-7460-8082-6*

*Das Mädchen mit rotem Hut. Kurzgeschichten. ISBN: 978-3-7528-1413-2*

*Play Huch. Gedichte. ISBN: 978-3-7528-2037-9*

*Das avocadogrüne Känguru. Kurzgeschichten. ISBN: 978-3-7481-3002-4*

*Alldadarin. Roman. ISBN: 978-3-7481-5764-9*

*Der Wal heißt Beethoven. Kurzgeschichten. ISBN: 978-3-7494-4962-0*

René Sommer

# Eine Frage der Libelle

Gedichte

*Bibliografische Information der Deutschen National-bibliothek:*
*Die Deutsche Nationalbibliothek verzeichnet diese Publikation in der Deutschen Nationalbibliografie; detaillierte bibliografische Daten sind im Internet über http://dnb.dnb.de abrufbar.*

*© 2019 René Sommer*

*Editor Factory: ib-lyric (edition jeu-littéraire 3/2)*
*Author Photo: Erika Koller*
*Cover Image: Itta Beaux*

*Herstellung und Verlag:*
*BoD – Books on Demand, Norderstedt*

*ISBN: 978-3-7412-9958-2*

# Inhalt

| | |
|---|---|
| Schnittstelle gesucht | 7 |
| Kolibri sind unsere Zukunft | 8 |
| Der Bücherwurm im Möbelhaus | 9 |
| Auszeit der Wolke | 10 |
| Was auch immer für Blumen | 11 |
| Manchmal ja, manchmal nicht | 12 |
| Größer als ein Golfball | 13 |
| Das Haus des Knäckebrotkönigs landet | 14 |
| Ist es schwierig Gras zu finden | 15 |
| Das Piano in der Zündholzschachtel | 16 |
| Eine Frage der Libelle | 17 |
| Vorhersagen sind schwierig | 18 |
| Der Leopard mit der Brezel | 19 |
| Etwas wird geschehen | 20 |
| Die Beschleunigung der Teilchen | 21 |
| Der Automat im Löwenzahn | 22 |
| Rostblumen | 23 |
| Das Glück und das Unglück der andern | 24 |
| Die Sonne scheint | 25 |
| Keine andere Wahl | 26 |
| Die Kreidemännchen hüpfen | 27 |
| Tropfen auf der Zunge | 28 |
| Die Parkbank kehrt zurück | 29 |
| Wie Seerosen riechen | 30 |
| In der Schwebe | 31 |

| | |
|---|---|
| Ihr Traum ist der Buchladen | 32 |
| Die abgerundeten Ecken der Wörter | 33 |
| Die künstliche Insel | 34 |
| Der Riese auf der Bohnenstange | 35 |
| Ein Gedicht aus der Luft | 36 |
| Auf der Suche des Spurensuchers | 37 |
| Eine Tüte Chips | 38 |
| Das kleine Loch | 39 |
| Schneewittchen dankt für den Apfel | 40 |
| Die Sicherheit der Ameisen | 41 |
| Die seerosenweiße Sprechblase | 42 |
| Das Nashorn und die Olive | 43 |
| Der Vogelbeobachter aus dem All | 44 |
| Weiß gestrichen | 45 |
| Der Roboter mag die Frau | 46 |
| Warum nicht | 47 |
| Regentropfenkuchen | 48 |
| Im Urwald verschwinden | 49 |
| Die Stimme verlässt das Radio | 50 |
| Wach | 51 |
| Elefantensong | 52 |
| Im Herz des Riesen | 53 |
| Wiedersehen | 54 |
| Auf eigenen Füßen | 55 |
| Die Botschaft der Bienen | 56 |

## Schnittstelle gesucht

Ein tiefblauer Schimmer liegt über dem Land.
Zwischen den Steinmauern grasen Wollschafe
mit samtschwarzen Gesichtern.
Eine fein glasierte Keramikschlange
kriecht über das Brückengeländer.
Federweiße Wolken ergießen sich plötzlich
wie ein Wasserfall über die Bergkette,
verschlucken die Straße, auf der Huch geht.
Er schenkt dem Regenbogen
einen himbeerroten Ballon.

Wie Telefonkritzeleien fallen Maschen
von 2 Stricknadeln
in die hutschachtelgroße Kinderbuchhandlung
und werden zu einem Frauengesicht.
Ein altes Werbeschild
am verwitterten Holzmast wirbt
für Kopffüßler mit überdurchschnittlich
langen Beinen und Füßen.

Huch kritzelt mit Bleistift auf Salzteig
ein Strichmännchen,
das sich zwischen Symbolen, Zahlen
und Buchstaben bewegt.
Ein lebendiger Scherenschnitt schreitet
über den Tisch,
sucht eine Schnittstelle.

**Kolibri sind unsere Zukunft**

Die Straße windet sich steil
ein Wäldchen empor.
Ein kleiner Harlekin führt
seine Trompete zum Mund.
In seinem Rücken steckt ein Schlüssel,
mit dem er aufgezogen wird
wie ein Uhrwerk.
Eine gigantische Mohnblume beugt sich
über ihn, tänzelt über die Straße.

Huch heftet eine Kinderzeichnung
an die Wand, streut einen Kreis aus Salz
um ein sprechendes Ei auf den Galerieboden,
flüstert in ein Lüftungssystem.
Der Ton verhallt im Rohr.
Die Wörter haben abgerundete Ecken
und singen.

Ein Regenbogen wächst aus der Wiese.
Ein Pferd fliegt
durch den blau glitzernden Himmel.
Eine wackelige Hängebrücke
spannt sich über den Fluss,
sieht wunderbar aus von ganz oben.
Darunter schweben 2 Kolibris.
Aus ihren Schnäbeln entspringt ein Schriftzug.
- Fühlst du dich gut?

## Der Bücherwurm im Möbelhaus

Nebel schwemmt über den wechselhaft
besonnten Felsen, als ob eine Welle
in Zeitlupe bräche.
Huch vergisst das Festland,
wird zum Insulaner auf Zeit
im Nebelmeer.

Der Bach plätschert leise, aber deutlich,
schlägt brummende Gitarrentöne an.
Der harte Klang durchdringt das Murmeln.
Staubflocken tanzen im Licht
der hohen Fenster
vom Teppich auf dem Boden bis zur Decke.

Huch liest die Plastikbücher im Möbelhaus,
berät Eilige, die einen Roman
in der Mittagspause verschlingen,
häckselt die Worte,
bis lose, karge Kaskaden übrig bleiben,
setzt sie neu zusammen,
poliert sie swingend auf Packpapier-Bahnen,
findet eine abgeknickte Blume
in einer achtlos weggeworfenen Coladose,
malt Luftballons auf ein Schild.
Ein Zwerg fährt Fahrrad
durchs Gedankenreisebuch,
lässt die Wände verschwinden.

## Auszeit der Wolke

Mohnblumen wehen im Wind.
Huch sitzt im Gras und zählt die Halme.
In der Stadt gehen die Uhren anders.
Schwerelos schweben der Glockenturm
der alten Kirche
und die an den Hang gebauten Häuser
in der Luft.

Huch streift durch malerisch verwinkelte Gassen,
spannt leichte Stoffbahnen zu Dächern
zwischen die Bäume
und Klaviersaiten über ein Bootswrack,
findet ein selbstgemaltes Schild
mit der Aufschrift.
- Ich bin so schnell wie möglich zurück.
Eine Bö bringt die Wäsche
an der Leine zum Tanzen.
Der Kühlschrank spricht.
- Vor Kurzem erst war ich voll.

Huch fährt auf einem Moped aus Holz.
Die Straße macht einen Schwung
in ein märchenhaftes Bühnenbild,
als wäre er in eine andere Welt
hineingefahren.
In Zeitlupe schiebt sich eine Wolke ins Blau,
übt das stilvolle Runterkommen.

**Was auch immer für Blumen**

Leicht wiegt sich das Gras im Wind,
als würden die Hügel
von sanften Wellen erfasst.
Huch erkundet eine Insel im Nebelmeer,
schneidet die Leinwand auf,
um im Bild zu sein.
Baumriesen säumen den Pfad,
Moos und Farn.

Huch verwandelt sich in eine Fliege
an der Wand,
trägt einen schwarzgelb karierten Anzug
und chilirote Schuhe,
findet einen Goldspray,
der zwischen Bergen von Wollfäden
verborgen liegt,
sprüht einen Zebrastreifen auf die Straße.

Ein Brunnen mit Wasserspeier versteckt sich
im Garten eines verlassenen Hauses.
Efeu und Schlingknöterich
überwuchern die Wasserrutsche.
Huch zieht ein Schriftstück aus der Schublade
eines verschlossenen Sekretärs.
In verblasster Tinte steht auf der Papierrolle.
- Das Mädchen nebenan
sammelt Blumen auf der Wiese.

## Manchmal ja, manchmal nicht

Wie gezupfte Wattebäusche schweben
Nebelschwaden.
Ein feuerspeiender Drache reitet
auf einem grasgrünen Bus
durch ein sanft gewelltes Hügelreich.

In den Ruinen der Fabrik
zwischen verfallenen Häusern und Autowracks
übernehmen Pflanzen und Insekten das Land.
Ein Kran knickst höflich und verbeugt sich,
spielt mit der Teekanne auf dem Müll.
Seifenblasen verflüchtigen sich.
Auf dem schmalen Zufahrtsweg,
den hohe Hecken und Buchen säumen,
liegt eine Tüte Popcorn.
Filmplakate und Verkehrsschilder
hängen an den Wänden.
Ein Handwerker dreht die Schrauben
aus einer Geisterbahn.

Huch rennt durch alle Wände
in den weitgehend unberührten Wald,
sammelt Steine vom Weg,
häutet sich wie eine Schlange,
entdeckt ein Schild.
- Stimmt es, dass du da bist?
Manchmal ja, manchmal nicht.

## Größer als ein Golfball

Im Himmel läuft ein Film ab.
Huch liegt auf dem Rücken.
Eine Wolke zieht heran.
Ihre Ränder glitzern in der Sonne.
Der Weg führt Schritt für Schritt
durch die Büsche
zu einem windschiefen Baum,
verläuft im Zickzack
durch ein Sonnenblumenfeld.
Große azurblaue Luftballons schweben
mit einem Kühlschrank
voller farngrüner Törtchen zur Sandbucht.

Der erdbeerrote Vorhang öffnet sich
wie im Kino.
Huch linst durch 2 in die Zeitung
geschnittene Löcher,
trinkt ein Glas Wasser,
stupft Pinselabdrücke an die Wand,
riecht an einer Blume,
hat ein Krähennest auf dem Kopf.

Eidechsengrüne Pferde schütteln
einen Riesensack, drehen ihn um,
gucken, was rausfällt:
Coladosen, von Huch gesammelt
und signiert.

## Das Haus des Knäckebrotkönigs landet

Die Sirene mit Fischschwanz singt
einen Nagel in die Wand,
schnürt ein goldfischrotes Seidentuch
um die schmale Taille,
verwandelt sich in einen Fisch,
fragt Huch.
- Warum sind Tierfilme eigentlich so populär?
Er hebt den Daumen.
- Die Frage ist gut,
verbindet den Menschen mit den Tieren.
Huch tritt aus der Ich-Perspektive,
sieht sich selbst aus der Sicht
der dritten Person.

Am Klavier blättert sich ein Notenblatt
nach dem andern von selbst um.
Das künstliche Bäumchen
am blitzsauberen Parkweg beherbergt
einen Lautsprecher.

Ein Haus fällt vom Himmel.
Der Knäckebrotkönig sieht aus dem Fenster
in die Ferne.
- Wo bin ich gelandet?
Seine Pupillen weiten sich.
Die Augen werden glasig
und nehmen nichts mehr wahr.

**Ist es schwierig Gras zu finden**


Im Innenraum des gekippten Schiffswracks
steigt ein birkenweißer Luftballon.
Die blau-rosa Treppe führt nirgendwohin.
Huch steigt hinauf und wieder hinunter,
fährt im Chevrolet Cabriolet
aus dem Jahr 1936 und hört Sitar-Musik.
Kleine Papierstreifen flimmern
auf ihn herab, apfelgrüne, neonblaue,
ananasgelbe, pink.
Der Wagen rollt über die rostige Brücke,
vorbei an abgerissenen Halteseilen,
Motorteilen, zerquetschten Autos.

Huch setzt sich auf den fliegenden Teppich,
gleitet über den rosafarbenen Brunnen,
der wie ein pflanzenförmiges Zuckergebäck
aus dem runden Teich ragt.

Neben der staubigen Straße
umschwirren Möwen die Müllkippe.
Eine Flaumfeder fällt.
Durch die Betonfläche bohren sich
einzelne Grashalme ans Licht.
Ein froschgrünes Schild
scheppert im Wind. Darauf steht.
- Hier glitt mir ein Teller aus der Hand.
Die Scherben sind schon geputzt.

## Das Piano in der Zündholzschachtel

An einer Weggabelung steht ein Baum.
Ein felsiger Grat zackt hinter dunklem Wald
und frischen Wiesen.
Im Wind tanzt das Fell der Schafe.
Huch biegt auf einen Feldweg ab,
fragt die Ameise.
- Möchtest du schneller sein?
- Nein, sagt sie, wenn ich renne,
dann renne ich.
Wenn ich denke, dann ruhe ich.

Ein kleiner gelbgrüner Fisch
trifft einen rosaroten, fragt.
- Zählst du zu den Gewinnern
oder zu den Verlierern?
Der rosarote schlägt mit dem Schwanz.
- Diese Frage irritiert.
Ich finde alle Fische schön.

Ein Müllcontainer,
gefüllt mit zerstörten Gemälden,
rutscht vom grünbewachsenen Berg
in übergroße Scrabblesteine,
schiebt Wörter an,
zerlegt einen Konzertflügel
in kleine Mini-Pianos,
die in Zündholzschachteln passen.

## Eine Frage der Libelle

Flechten hängen im Wald herunter.
Huch macht einen Ausflug ins nahe Dorf,
an Wiesen, Feldern und Vorgärten vorbei,
bewundert ein Nashorn,
das auf dem riesigen Heuberg sitzt
und auf einem Halm herumkaut,
lässt eiskalten Kaffee
aus dem Automaten,
fragt den Seifenigel.
- Wovon träumst du?

In einer Speisekammer mit Fischkonserven
und Maggi-Suppen
kommt ein haariges Monster zum Vorschein,
imitiert den leisen Schrei der Möwe,
blättert in einem Buch aus Stein.
Der Himmel wölbt sich knallblau
über eine leere Tomatendose.
Ein Drache verteilt Schaufensterpuppen
in einer leeren verschatteten Piazza.

Huch setzt sich eine Fuchsmaske auf
und tanzt mit den Libellen Ballett.
Eine Libelle spricht, als sei jede
einzelne Silbe aus Staunen gemacht.
- Sind wir alle gleich
oder unterschiedlich?

**Vorhersagen sind schwierig**

Ein mit hellem Schotter belegter Weg
führt zum Eingang ins Labyrinth
aus Bambussträuchern.
Gleich sehen alle Gänge aus,
locken Huch tiefer hinein,
rahmen Vierecke,
bieten Sackgassen an,
versprechen eine Abkürzung,
die sich als Irrweg erweist.
Die Grillen zirpen.
Der rote Mohn blüht.

Huch beißt Silben, kaut Konsonanten,
versetzt den ganzen Körper in Bewegung,
von der Frage umgetrieben.
- Was bedeute ich?
Er kritzelt ein Strichmännchen auf die Straße,
das Good Morning sagen kann.

Dutzende von Flaggen nagelt er
an die Decke,
klebt Geldscheine aus aller Welt
an die Wand,
Visitenkarten, Tausende von Passbildern,
bekommt ein Spiderman-T-Shirt geschenkt.
Der dienstbare Haushaltsroboter fragt.
- Hast du ein so schönes Geschenk erwartet?

**Der Leopard mit der Brezel**

Durchs seichte Wasser der Lagune
stolziert ein Flamingo,
trägt einen Vogelkäfig unter uralte Eichen,
die ein dichtes Dach bilden.
Waldreben baumeln auf den Weg herab.

Huch findet eine eingedrückte Getränkedose,
wirft einen Stoffballen durch einen Reifen,
kippt einen riesenhaften Eimer
mit karibikblauer Farbe über der Stadt aus,
unterteilt eine Fabrikhalle
mit hängenden Tüchern
und wackeligen Kartonwänden
in viele kleine Räume,
legt sich ins Gras, verfolgt die Wolkenschatten.
Sie ziehen über die Wiese und den Berg
auf der anderen Talseite.

Ein Leopard lenkt mit einer Brezel im Maul
den Verkehr.
Die Hausfassaden fressen den Smog
von der Kreuzung.
2 Limousinen liegen aufeinander,
als würden sie sich liebkosen.
Ein Roboter spielt auf Knopfdruck
eine Tonleiter auf dem Steinway, fragt.
- Was ist der Name des Stücks?

**Etwas wird geschehen**

Farne breiten mannshoch
ihre fächerartigen Blätter aus.
Grün wogt das Laub.
Astspitzen ragen kaum heraus.
Direkt hinter dem Haus
reicht ein Regenbogen in den Wald hinunter.
Gerahmt an der Wand
hängt ein Werbeplakat mit dem Text.
- Ich verbrachte den ganzen Tag damit,
an einen Schmetterling zu denken.

Eine Kugel aus unzähligen bunten,
zusammen getackerten Flicken
rollt vom Dach.
Eine Frau mit goldener Perücke
balanciert Hüte auf dem Kopf,
segnet Huch mit einem Bändchen,
das sie ihm ums Handgelenk bindet.

Die Rädchen von Huchs Uhr
bewegen riesige Trommeln.
Ein Vogel flattert hoch.
Ein Roboterballett trägt ein Tablett mit Tee
in unendlicher Langsamkeit
ein paar Schritte weit.
Huch liest das Horoskop.
- Etwas wird geschehen.

## Die Beschleunigung der Teilchen

Silbrig funkelt der See.
Wäsche flattert im Wind.
Die Mülleimer quellen über.
Huch klinkt sich im Computergeschäft
in die Sprache der Klicklaute ein.
Sie raten.
- Geh ins Kulturzentrum
und lerne von den Künstlern.

In einem großen wandfüllenden Bild
geht er spazieren, vergisst die Welt
um sich herum, verliert sich.
Eine Handvoll Reiskörner fliegt ihm entgegen
wie ein Mückenschwarm,
dreht Pirouetten.
Ein verblichenes Schild
vor einer Schreibwarenhandlung
wirbt für Urlaubspostkarten.
- Meine Uhr steht auf Urlaub.

Huch berührt den Himmel
mit dem Zeigefinger.
Ein hochrotes Sportwagencoupé fährt
auf monströsen Baggerreifen vorbei,
hat eine enorme Stereoanlage,
spielt den Song.
- Ich habe es im Moment sehr eilig.

## Der Automat im Löwenzahn

Tief hängt die Wolke,
berührt den Kirschbaum auf der Wiese.
Hoch steht das Gras.
Ein als Gorilla verkleideter Mensch
trommelt sich auf die Brust.

Huch treibt im Boot auf dem Fluss.
Das Sirren einer Libelle
dringt ans Ohr.
Eine korallenrote Kamelienblüte
leuchtet vor einer kleinen
kalkweiß gestrichenen Kapelle.
Er streift die Eierschalen ab,
bekommt hörbar eine Gänsehaut,
trägt ein Auge auf der Jeansjacke.
Ein mohnroter Drachen,
mit kleegrünen Blättern geschmückt,
trägt am Fußgelenk eine Retrodigitaluhr,
jagt schwebenden Erdbeeren hinterher.

Huch wandert durch ein Löwenzahnfeld,
nimmt an einem Automaten den Hörer ab,
telefoniert mit einer Stimme.
- Such und du wirst finden,
sagt sie.
- Was soll ich suchen?
fragt Huch.

## Rostblumen

Über die höher liegenden Felsenflanken
streichen Wolkenfetzen.
Unter den grünen Baldachinen der Bäume
wölben Wurzeln die Straße auf.
Die Wörter kommen Huch entgegen,
antworten ihm.
Beim Aufspannen klackt und flappt
ein Sonnenschirm.

Ein schneeweißer Elefant
mit himmelblauer Kappe
streicht die Häuser in allen Farben
des Regenbogens an
und pinselt das Wort „Huch"
an einen Dachbalken.
Es gibt heruntergelaufene Farbe
und das Gesicht von Andy Warhol.
Goldklangstaub rieselt
in eine weiß gekachelte Waschküche.
Die Wäsche wirbelt aus der Maschine,
kommt so knallbunt wie Pralinen daher.

Huch fährt in einem alten VW-Bus
auf einer rotierenden Discokugel,
findet einen vergilbten Zettel
mit dem Text.
- Dein Bus ist ganz schön verrostet.

## Das Glück und das Unglück der andern

Durch ein einsames Tal strömt der Bach.
Flechten überziehen das Gestein
und Moos den Waldboden.
Felsen mit Klüften und Höhlen ragen auf.
Über alle Geräusche des Waldes
legt sich das Rauschen des Wasserfalls.
Stundenlang folgt Huch dem Lauf,
überquert die Schlucht
auf einer Hängebrücke.
Ein alter Eichbaum steht
machtvoll und knorrig in der Landschaft.

Kritzeleien und Graffiti überziehen
wie ein Adergeflecht die Wand.
Huch zählt die Wolken,
malt mit Kreide
eine Nachricht auf den Boden.
- Ich habe 3 Wolken gesehen.

Ein Kopffüßler mit langen Beinen und Armen,
auf denen ansatzlos ein Kopf sitzt, kommt
in einem surfbrettförmigen Raumschiff
auf die Erde,
spielt Boccia mit Steinen,
sagt zu Huch.
- Nutze beim Spiel nie
das Unglück der andern aus.

**Die Sonne scheint**


Holunder, Flieder, Weißdorn wachsen
links und rechts.
Der Weg ist schmal.
Orangefarbene Kapuzinerkressen blühen
zwischen Rosmarin, Lavendel
und halb vergessenen Blumen.
An einer verwitterten Baustelle steht Huch
und beobachtet eine Schwebefliege.

Mit Türen als Flügel hebt
ein knallgelber Bus von der Straße ab,
baut Doppelloopings aus Noten.
Der Schriftzug blinkt grell
an der Seitenwand.
- Schreib deinen Namen in den Sand.
Blautöne gehen am Horizont
ineinander über.

Huch packt eine Tüte
mit Geigentrümmern aus,
wird zum Chamäleon,
passt seine Hautfarbe dem Farn an.
Wie Ameisenstraßen ziehen sich
Rolltreppen durch Blumenrabatten
zu einer riesigen Elefantenstatue.
Sie spricht mit leuchtenden Augen.
- Heute scheint die Sonne.

## Keine andere Wahl

Blaugrün mäandert der Fluss,
von saftigen Wiesen gesäumt.
Weit geschwungene Berge dehnen sich,
die Hänge mit Gras und Heidekraut bewachsen.
Über den horizontblauen Himmel treibt
eine wilde Wolkenherde.
Durchs Gebüsch aus Wacholder, Ginster
und mannshohem Farn führt ein Trampelpfad.

Huch läuft in eine Unterführung hinunter
und auf der anderen Seite wieder hoch.
Eine Frau hat einen libellengrünen Zettel
in der Hand. Darauf steht.
- Da ich die Buchstaben wie gemalt schreibe,
ist diese Notiz einfach zu lesen.
Huch legt den Zettel
sorgfältig unter einen Stein,
schreibt in die Vierecke der Bettwäsche
ein irrwitziges Durcheinander von Kreisen,
Spiralen und Zickzacklinien.

Eine Servicefrau springt aus einem Plakat,
bietet Huch ihre Dienste an.
- Ich erledige deinen Einkauf,
führe dir das Menü vor die Tür.
Wir liefern. Du genießt.
Huch bedankt sich und verschwindet.

**Die Kreidemännchen hüpfen**


Am Strand mit dem sanduhrfeinen Sand
rostet ein Autowrack in der Sonne.
Die Wellen kräuseln,
wandeln sich zu Flügelmustern.
Schläfrig schwenken die Bäume ihre Blätter
über dem Wasser.

Mit einem Vogelbuch unter dem Arm
wandert Huch durch den Uferwald.
Zwischen lilienweißen, zitronengelben
und malvenfarbigen Blüten
flattern Schmetterlinge.
Eine Frau fertigt aus alten Pizzakartons
einen Sonnenschirm.
Er findet eine Straße in die Wolken,
wandert an einem Schild vorbei.
- Ist der Weg zu steil für dich?

Auf einer knallorangen Werbesonnenbrille
steht der Name „Huch".
Wer sie anlegt, hüpft in vielen kleinen Sprüngen
mit Kreidemännchen übers Pflaster,
fliegt mit einem goldenen Feuerdrachen
in ein Meer von Blumen, Glückwünschen
und Luftballons.
Huch schreibt mit bunten Ölkreiden
an die Wand.

## Tropfen auf der Zunge

Von Weißblau über Meerblau bis Türkis
spannt sich der Himmel.
Eine Buche spreizt die Zweige
über den kurvigen Weg.
Huch huscht durchs Gehölz,
hört das Gluckern eines Bachs,
die Libelle im Anflug,
zerlegt Radios, entfernt Teile,
um zu sehen, ob sie weiterhin
die H-Moll-Sonate von Franz Liszt spielen.

Glitzer und Sternenstaub
fallen auf einen Einkaufswagen,
gefüllt mit Plastikflaschen, Dosen,
Tastaturen und Computermäusen.
Schmetterlinge flattern um Blüten.
Die Bäume wölben sich
wie ein Tunnel über Huch.

Im Schatten des Blattwerks
trifft er einen Roboter.
Er wirbt fürs Leben auf dem Land.
- Du wirst hier glücklich,
kannst Picknick machen,
Blumen pflücken,
Tropfen mit der Zunge fangen
und in eine Pfütze springen.

## Die Parkbank kehrt zurück

In einem einsamen Waldstück
strauchelt Huch durchs Unterholz,
formt ein Blatt zum Becher,
schöpft Wasser aus dem Bach.
Insekten sirren davon.
Die Blüten schweben im Sonnenschein
wie Wolken
und die Wolken wie Seerosen im Teich.

Ein Camper hält an,
packt den Klapptisch aus dem Kofferraum.
Der Elefant hebt den Rüssel, wittert, prüft,
schiebt einen Bierdeckel
unter das wackelnde Tischbein
und einen aufgeschlitzten Tennisball
auf die Anhängerkupplung.
- Er kann eigenständig denken,
sagt das neongrün leuchtende Kaninchen.

Die Platane verspeist eine Parkbank.
Im wuchtigen Stamm verschwindet
die Rückenlehne.
Wie wulstige Lippen schiebt sich
die Rinde über die Sitzfläche.
Bevor der hungrige Baum
den nachdenkenden Huch erreicht,
steht er auf.

## Wie Seerosen riechen

Durch den Föhrenwald windet sich
eine schmale Serpentinenstraße
den Hang hinauf.
Huch fährt im VW Käfer.
Sein Sicherheitsgurt besteht
aus kleinen Menschenhänden.
Die zahlreichen winzigen Finger tanzen
zu Gitarrenmelodien.
Unter der Haarnadelkurve wird plötzlich
eine kathedralförmige Wolke sichtbar.

Ein Klangroboter landet
aus einer anderen Sphäre,
lässt Trompete, Posaune, Tuba
und ein Flügelhorn aus dem Baum sprießen.
Sie spielen wilde Stakkatos,
aufgeregte Tonkaskaden
und Melodien, die ans Alphorn erinnern.

Huch füllt einen Raum mit Marmeladengläsern
und Zahlenkolonnen,
wie sie Handwerker auf Wände kritzeln,
stellt einen Stuhlkreis auf,
in dem lauter Kopien von ihm Platz nehmen,
von Blumen, Sonne und Regenbogen erzählen.
Eine Kopie fragt, wie Seerosen riechen.
- Nach Anis oder Zimt.

## In der Schwebe


Über einen birkengrünen Berg,
durch staubige Kalksteinfelsen
windet sich die Straße.
Lapislazuliblaue Umrisse verschwimmen
am Horizont, ins Wolkenkleid gehüllt.
Cello, Harfe und Geige
verlieren die Saiten.
3 Frauen machen Musik
mit den Klangkörpern ohne Bögen.

Auf dem Gelände des alten Busbahnhofs
fliegen Farbtupfer wie Konfetti
und neongrüne Spritzer
über den dunklen Grund.
Die Maus, die sich
gegen den Elefanten wehrt,
verwandelt sich in ein mehrere Meter
hohes Riesenküken, fragt.
- Ist was?
- Ja, sagt der Elefant, es ist Montag.

Eine Grille mit Babykopf, silbernen Beinen
und 4 hellblauen Augen
schwebt im Schneidersitz über dem Boden,
empfiehlt Huch.
- Mach dich von den Gesetzen
der Schwerkraft frei.

## Ihr Traum ist der Buchladen

Der Schotterweg führt hinauf.
Das Abflussrohr gurgelt.
Über einen schmalen Pfad läuft Huch
durch den Wald.
Der smaragdgrüne Bergsee glitzert.
Glasklar ist das Wasser.
Huch sieht die Lichtrillen
über den Grund streifen,
hört das Flüstern der Pflanzen.

Der Roboter rollt den Pizzateig aus,
belegt ihn mit geriebenem Käse,
während die Fee
im blütenweißen Rüschenkleid
den Prinzen
in eine feuerrote Blume verwandelt.

Mit Goldspray besprüht Huch
die Beine einer Schaufensterpuppe,
lässt sie über am Boden liegende
Papierbahnen tanzen, Striche malen,
knetet aus einer weichen Masse
eine Figur.
Es knackt aus dem Lautsprecher.
- Ich möchte gern lesen lernen,
im Buchladen Gedichte holen
und träumen.

## Die abgerundeten Ecken der Wörter

Wilde Blumen, Gräser, Büsche
wachsen entlang des Pfads.
Ein dschungelgrüner Teppich aus Moos
und Flechten bedeckt den Baum.
Ein Strichmännchen bewegt sich
zwischen Zahlen und Buchstaben,
hüpft über Zeitschriftschnipsel,
die auf einen blauschwarz
angemalten Karton geklebt sind.

Eine Frau versucht, den Saft
aus einer Orange zu pressen,
ohne dass ein Kern in den Becher springt.
Wenn eine Schale über die Kante
zu rutschen droht,
schlägt der Tisch Alarm.
Der Kinostuhl sagt.
- Vielleicht habe ich den Film gesehen.

Huch sieht einen Kopf in der Wolke.
Ein lindgrünes Paar
lernt die Luft lesen.
Die Wörter haben abgerundete Ecken
und singen.
Goldene Tropfen fallen auf eine Stahlplatte,
malen die Frage.
- Was ist dein Spitzname?

**Die künstliche Insel**

Über moosbewachsene Stufen
fällt der Weg durchs laubgrüne Dickicht.
Flechten und Gras bewachsen den Fels.
Eine Eidechse flitzt über die Steine
der Bruchsteinmauer.
Huch steht am gleißend weißen Strand,
betrachtet die Farben der Welle,
ein aus sich heraus leuchtendes Blau,
von Gischt und Schaumgipfel gekrönt.
Ein Schild empfängt Huch mit dem Rat.
- Denk nach, bevor du weitergehst.

Er bespannt ein Bootswrack
mit Klaviersaiten, spielt einen Song
auf das Land der Stille
und der einsamen Weiten,
spielt eine Fliege mit flatternden Armen,
als sei er gleichzeitig das Insekt
und sein Fänger.

Unter Wasser schläft schwebend
eine Frau,
taucht nach einer Minute auf und sagt.
- Ich habe gerade an dich gedacht
und wollte dir nur sagen,
dass unsere künstliche Insel
noch unzureichend bewaldet ist.

## Der Riese auf der Bohnenstange

Die Gasse ist so schmal,
dass gerade eine Frau durchkommt.
Ein winziger Platz öffnet sich,
groß genug für den Fuß
und die Katze, die darum schleicht.
Kaum ein Geräusch stört die Stille.
Ein Weg duckt sich durch den Tunnel
aus Buchen, Farn und Brombeeren.

In der türkisblauen Bucht führt
feiner Sand ins seichte, warme Wasser.
Topasblau schimmert der See.
Huch schwimmt zur Insel,
wo reihenweise Hände und Arme fliegen,
ein lebendiges Dach bilden.
Der Schwarm löst sich auf,
gibt den Blick auf eine Frau frei.
Sie tanzt mit ausgestreckten Armen.

Huch sieht einen Riesen.
Er lebt auf einer Bohnenstange und ruft.
- Hey Huch! Nimm den Hut ab.
Huch sagt.
- Nein. Die Sonne scheint.
Der Riese räumt ein.
- Du hast recht. Es gibt am Strand,
wenn überhaupt, nur wenige Bäume.

## Ein Gedicht aus der Luft

Unter hohen Bäumen verläuft der Weg
am Wasser entlang.
Huch läuft barfuß durch den Sand.
Am Felsen unten schlagen Wellen
in eine kleine Bucht.
Kiesel rollen aus dem Wasser
und wieder hinein.
Eine Möwe segelt herum.

Aus weiter Ferne nähert sich
ein bemalter Elefant, setzt den Fuß
in den puderzuckerfeinen Sand,
tanzt um Huch.
Sein Kopf ist bunt.
Einkaufswagen durchstreifen
den bewaldeten Park.
Huch übermalt ein Wahlposter
auf dem großen Stromkasten
mit Kalkfarbe, zeichnet ein Smiley,
bringt eine mannshohe Steinkugel
ins Rollen.

Eine Ballonfahrerin schwenkt
eine Sternbannerfahne und ruft.
- Ich habe eine Zeitschrift dabei.
Ein Gedicht steht darin.
Soll ich es ausschneiden?

## Auf der Suche des Spurensuchers

Am waldgrünen Rand der Welt
säumen Brombeerbüsche den Weg.
Durchs Blätterdach scheint Sonnenlicht
auf baumhohen Farn.
Ein Felsblock ragt auf.
Flechten überwuchern die Parkbank.
Der floridablau umrandete Strand gleicht
einem vanilleweißen Streifen aus Sand.
Wo ein Höhleneingang im Fels
ein Fahrrad schluckt, begeben sich
die Spuren auf die Suche
des Spurensuchers.

Ein Butler in Fantasieuniform
führt Tricks zum Handtuch-
und Serviettenfalten vor.
Huch platziert eine kobaltblaue Zierkugel
im Park, verschüttet Kaffee,
macht aus den Flecken ein Kunstwerk.
Bettfedern regnen auf ihn herab.

Auf einer Klinge balancieren Menschen,
fahren in einem Holzschuh
durch den Seerosenteich,
schlüpfen unter einen umgestürzten Krug
und rufen.
- Zusammen können wir etwas bewegen.

**Eine Tüte Chips**

Im rauschenden Wipfel zirpt ein Vogel.
Waldreben hängen von den Ästen.
In einer stillen Bucht,
die sich an den Buchenwald schmiegt,
endet der Weg.
Die jadegrünen Teller der Riesenseerose
bedecken das Wasser.
Zartrosa Blüten leuchten dazwischen.

Huch betrachtet das Verfließen der Zeit.
Mit jedem Schluck rinnt sie
tiefer auf den Tassengrund.
Für Wolkenstudien baut er
eine Kuppel mit goldenem Gewölbe.
Holzgerüste gleichen fehlende Bauteile aus.
Die Spinne aus einer alten Leuchtreklame
spinnt einen kirschroten Faden.
Durch die Luft schießen Luftschlangen.
Ketchup spritzt herum.

In einem Türenlabyrinth
packt Huch Papier und Farben aus,
krickelt mit Buntstiften,
bemalt die Wände, klebt Poster auf.
Langsam gleiten die Möbel vorbei.
Eine Frau mit einer Tüte Chips fragt.
- Willst du etwas Besseres?

## Das kleine Loch

Über alte Steinplatten windet sich der Pfad
durch Bambushain und Föhrenwald  zum Fluss.
Die Blätter rascheln im Wind.
Ein Vogel zwitschert.
Auf der einsamen Sandbank
spannt Huch das Sonnentuch auf,
erkundet die Wassertemperatur
mit der großen Zehe.

Der Weg führt durch einen Wald
transparenter Vorhänge.
Eine Prinzessin fährt in der Luft Fahrrad,
landet im schwarz ausgekleideten Bühnenraum
vor 4 Stuhlreihen,
führt ein zusammenklappbares
Sitzpolster mit sich,
näht Kissen aus alten Kaffeesäcken,
zerlöchert ein Smartphone
mit dem Handbohrer,
tritt gegen den Coca-Cola-Automaten,
aus dem dann eine Dose plumpst,
fragt Huch.
- Wovon träumen Telefone?

Er malt mit einem Besen
auf eine riesige Papierfläche den Satz.
- In meinem Shirt ist ein kleines Loch.

## Schneewittchen dankt für den Apfel

Blumen, Sanddorn- und Brombeerhecken
voller Früchte wuchern am Rand des Weges.
Der helle, feine Sandstrand fällt flach
zum See ab.
Huch watet durchs Wasser, wirft einen Ball auf.
Seine Augen folgen ihm.
Er verschwindet mitten in der Luft.
Leichte Wellen kommen auf.

Huch schlägt ein Buch auf.
Aus seinem Kopf steigen wie Rauchsäulen
in immer größeren Bahnen 2 Hände,
bauen einen Roboter, der die Straßen
mit Farbtupfern fröhlich macht
und einen Pullover hochhält.
Huch klebt einen Zettel
mit einer lachenden Sonne auf ein Plakat.

In einem schmalen gläsernen Kasten liegt
ein Bett mit leinenweißen Kissenpolstern.
Huch denkt an Schneewittchen,
gibt der Frau, die aufwacht, einen Apfel.
Sie läuft über die aufgeschlagenen Buchseiten,
zündet eine Zigarette an, schiebt sie
mit einer langsamen Bewegung
unbeschadet durch den Pullover hindurch.
- Vielen Dank!

**Die Sicherheit der Ameisen**


Durch einen Park mit Blumenbeet, Bank
und Hecke rollt eine Goldkugel,
dreht sich vorwärts und rückwärts
durch eine staubige Baustelle,
wirbelt eine Leiter hoch,
platscht in einen Farbeimer.
Ein perlweißer Pfau
flieht vor den Spritzern.

Am Himmel beobachtet Huch
einen Reigen fliegender Wale,
schließt Freundschaft mit einem Löwen.
Ein wolkenweißer Elefant
tritt vor die Staffelei,
führt mit dem Rüssel den Buntstift,
hängt Buchstaben aneinander,
schenkt Huch Zeile für Zeile ein Gedicht.

Im Rauschen der Baumkronen klingt Musik.
Ein Außerirdischer fliegt
in einer Badewanne mit Entenfüßen,
trägt ein T-Shirt,
auf dem „Unsichtbar" steht,
landet im Land der blauen Ameisen, fragt.
- Was bietet im Leben Sicherheit?
Die Ameisen sagen.
- Wir kleben eine Marke auf den Brief.

## Die seerosenweiße Sprechblase

Der Berg berührt beinah die Wolke.
Blumen tupfen auf die sattgrüne Wiese
honiggelbe, papageienrote, augenblaue Blüten.
Ein Flaum von filigranen Gräsern wächst.
Ein Wasserfall stürzt vom Felsen
in den kristallblauen See.
Steil führt der kurze Weg zum Ufer hinunter.
Die Grillen zirpen.

Huch macht ein Roulette mit Telefonnummern,
klettert über ein schwarz-gelbes Absperrband,
malt sie mit bunter Kreide auf die Wand,
rutscht auf einem Sofa
den schrägen Parkettboden hinunter,
gerät auf ein gigantisches Laufband,
marschiert gegen die Rollrichtung,
um das Gleichgewicht zu halten,
verliert sich im verwunschenen Labyrinth,
im Maschinenraum der Sprache.

Auf einem kleinen Holzschild steht.
- Willkommen.
Zwischen Torbögen, kurzen Tunneln
taucht eine capriblaue Sprechblase auf.
- Was ist deine Lieblingsfarbe?
Die seerosenweiße Sprechblase sagt.
- Ahorngrün würde mir auch gut stehen.

**Das Nashorn und die Olive**


Der eiskalte Bach plätschert geräuschvoll
im steinernen Bett.
Durch den lichten Buchenwald
führt ein Weg.
Aus großer Höhe tost
der Wasserfall in die Tiefe.
Das Farnkraut wuchert,
reicht Huch bis zur Brust.

Er gerät vor ein festungsartiges Schloss
mit spitzen Ecktürmen, Erkern, Zinnen
und Stufengiebeln, verirrt sich
im weitläufigen Park,
öffnet den Deckel eines Steinwayflügels,
sucht die Musik.
Die Rosenstöcke duften.
Minutenlang steht ein Regenbogen
am blitzblauen Himmel.

Eine Frau bewegt sich in Zeitlupe,
verkauft Lose.
Huch zieht die Nummer 692 und gewinnt
eine Betontischtennisplatte ohne Netz.
Ein Nashorn lässt eine Olive
ins Glas rutschen.
Auf seinem Panzer prangen
goldene Abzeichen.

## Der Vogelbeobachter aus dem All

Eine Straße führt in die Wolken.
Die Temperatur sinkt mit jeder Serpentine.
Zwischen den Felsen wächst Farn.
Am rauschenden Bergbach versteckt,
fallen Buchstaben von den Wänden,
rollen steil hinab
durch glänzendes, hüfthohes Gras.
Moos und Flechten leuchten.

Huch liegt im Wald auf dem Rücken,
sieht der Sonne beim Reisen
über den Himmel zu.
Ein Stehpult aus Treibholz,
an dem Bleistifte hängen,
wandert vorbei.
Die Stifte klappern.
Bei einem fliegenpilzroten Haus
mit kreideweißen Fensterrahmen
hängt ein Zettel an der Tür.
- Kann ich für eine Minute
entschuldigt werden?
Huch sagt ja, geht weiter.

Eine fliegende Untertasse
landet direkt vor ihm.
Ein Mann mit großen Augen steigt aus.
- Sei still! Sonst verscheuchst du die Vögel.

## Weiß gestrichen

Die admiralblaue Sonnenliege steht am Strand,
vom bunten Sonnenschirm beschattet,
im hellen, feinen Sand.
Eine kleine Wolke hängt
wie ein faseriger Wattebausch über dem See.
Im seichten Wasser der Lagune
steht ein Flamingo,
sieht den Wellen zu.

Versteckt unter dem dichten Blätterdach
der Bäume, betrachtet Huch
einen Großen Rosenkäfer
mit seinen grün-metallisch
schillernden Flügeldecken.
Ein halbierter Spielzeughund
rennt auf 2 Beinen durch den Wald,
sucht die andere Hälfte.

Huch malt mit einem haarfeinen Pinselchen
auf ein Reiskorn,
betrachtet im Spiegel den Tuschefleck
auf seiner Wange,
stellt sich das Gehirn begehbar vor,
tritt ein, sieht sich um,
surft durch vokale Stromschnellen,
liest auf einem Werbeplakat.
- Weiß gestrichen, sieht das Gehirn größer aus.

## Der Roboter mag die Frau

Alte Bäume säumen den Weg.
Ein Holzsteg führt an den Sandstrand.
In kleinen Wellen kullert das Wasser ans Ufer.
Am Himmel kreischen Möwen.
Soweit das Auge blicken kann,
schlängelt sich der Auenwald.
Über die höher gelegenen Felsenflanken
streichen Wolkenfetzen.

Ein Mann stürmt als gestreifter Kater
auf die Freilichtbühne, ruft.
- Ich würde nachts gern die Milchstraße sehen.
Huch spaziert über eine steinweiße,
von vielen Schuhabdrücken beschmutze Wand,
streift durch eine verlassene Autobahntankstelle.
Die Stelle ist noch da, der Tank leer
und die Autobahn verschwunden.

Ein Monsterroboter färbt Kartonpapiere
kaffeeschwarz und schreibt
mit mehlweißer Kreide darauf.
- Betrachtet mich als Mitglied der Familie!
Eine Frau schwebt auf einer Wolke
zum Souvenirladen, kauft einen Schirm,
eine Ansichtskarte und ein T-Shirt für ihn.
- Danke, sagt der Roboter,
ich mag dich sehr.

**Warum nicht**


Hellblau schimmert das Wasser in der Bucht.
Der Buchenwald reicht
bis an den puderweißen Strand.
Der Wind wiegt einen Vogel auf dem Ast.
Huch erkundet das Ufer.
Der weiche Sand gibt unter den Füßen nach.
Verstreut liegen Muscheln herum.

Schwankend wie in Zeitlupe
fährt der Zug durchs Sonnenblumenfeld.
Am Bahnhof steht eine Hostess,
mit Glitzer geschmückt,
trägt ein Elfenkostüm mit Gaze-Rock.
- Du hast 3 Wünsche frei.
Er wünscht sich einen Regenbogen,
einen Grashang mit duftenden Sommerfliedern
und einen Schmetterling,
sieht den Wolken zu.
Sie meditieren über Langsamkeit.

Huch baut Tunnels und Schirme aus Papier,
malt zarte Linien darauf.
Die Kasse erwacht mit einem Piepen.
Die Verkäuferin streift
einen königsblauen Kittel über, fragt.
- Warum kannst du nicht einfach
Blumen malen?

## Regentropfenkuchen

Am Strand unter der Buche
steht eine enzianblaue Sonnenliege
im hellen, feinen Sand.
Unter einem großen Zelt aus watteweißer Gaze
dehnen sich Gitarrenklänge
zu weiten Silberfäden.
Huch sieht zu, wie der Schatten des Vogels
übers Ufer fliegt, schwebt hinterher
in einer regenbogenfarbenen Seifenblase
zu einem verwitterten Haus am Stadtrand,
malt Blumen auf die Fassade.

Eine riesige Werbetafel wirbt für Huch.
Die Lesenden streicheln dem Buch
über den Rücken,
schnuppern an den Seiten,
saugen den Geruch des Papierleims ein.
Eine Stimme im Resonanzraum
des Brückenbogens fragt.
- Ist es gefährlich, keine Bücher zu lesen?

Stimmen flüstern. Zufällig begegnen
sich Hunderte von Romanfiguren,
verweben ihr Leben mit der Frage.
- Woher weiß der Regentropfenkuchen,
dass er kein Tautropfen ist,
den die Ameise vom Blatt schlürft?

**Im Urwald verschwinden**

Jasmingeruch liegt in der Luft.
Ein Schmetterling tänzelt übers Moos.
Den schroffen Berg hat der Wald überwachsen.
Nebelschwaden steigen von den Baumriesen
auf den Talflanken empor.
Das dürre Gras raschelt.
Windräder und farbenfrohe Windspiele
leuchten im Sonnenhang.

Eine Frau im pinkfarbenen Polyesterkleid
springt Huch auf dem Bahnsteig
von den Plakaten an.
- Es gibt ein Hotel in der Umgebung.
Ein Mann in samtroter Hotelboy-Uniform
mit glänzenden Knöpfen und Kappe
schlägt die Oberschenkel aneinander.
- Ich erwarte dich hier.

Huch malt einen Pfeil auf die Straße,
geht in die Richtung,
sieht einen alten Kühlschrank auf dem Gehweg,
öffnet die Tür.
In einer Glaskugel schimmert,
ozeanblau verschwommen, die Zukunft.
Mit einer Gießkanne in der Hand
steht Huch zwischen winzigen Bäumchen,
verschwindet beim ersten Tropfen im Urwald.

**Die Stimme verlässt das Radio**

Lichter wird der Wald.
Hoch und wuchtig erhebt sich die Felswand.
Wolken werfen Schatten
auf den orientgrün schimmernden Berg.
Die Luft ist weich, duftet nach Thymian.
Über den Weg hängen Waldreben.
Eine Wiese mit monumentalen Bäumen
bewegt sich zeitlupenhaft langsam
um Huch herum.

Vor der Buchhandlung wartet er
aufs neue Buch.
Es wird vom Storch gebracht.
Unter einer dichten Konfettiwolke
wechselt er die Kleider,
taucht seine Hand in eine eisvogelblaue Box,
worin sich Daunen und Federn häufen.
Flaum legt sich wie das Fell eines Kätzchens
um die Finger.

Huch betrachtet die Wörter,
die durcheinander purzeln wie Kugeln
in der Lostrommel.
Er schaltet einen Radioapparat
aus silbernem Plastik ein.
Die Sprecherin rät.
- Wähle deine Worte sorgfältig aus.

**Wach**

Im strahlend blauen See liegt die Insel,
lichtgrün bewachsen,
vom sandweißen Sand und blaugrünen Kringeln
aus flachem Wasser umfasst.
Bäume breiten das Blätterdach aus.
Meterhohe Wurzeln schlängeln sich
durch die Erde.
Huch wandert durch den Wald,
spürt das Laub unter seinen Füßen,
schwebt auf dem kastanienbraunen Cordsofa
durch die Wolken.

Ein sonnengelbes Schild
mit dem Schriftzug „Huch" weist auf den Weg
zum runden Inselberg,
wo die Wörter Augen haben,
die Sätze schaukeln und wippen.

Huch findet eine Schreibmaschine
und ein Reisigbündel, sieht ein Ufo.
Ein Außerirdischer steigt aus
im Lodenkostüm samt Trachtenhütchen.
Daran schwingt keck die Feder
eines außerirdischen Fasans.
- Hallo, schläft ihr auf der Erde?
Huch sagt.
- Im Moment bin ich wach.

## Elefantensong

Efeu umschlingt Stämme und Äste.
Nahezu geschlossen ist das Blätterdach.
Nur wenige Sonnenstrahlen erreichen das Moos
auf den knorrigen Wurzeln.
Den tiefen Felsspalt überwindet
eine schmale Brücke,
spiegelt sich glitzernd im Wasser.
Langsam windet sich der Weg hinauf.

Huch lässt jede Silbe
genussreich von der Lippe,
gerät wie von allein
in einen fortwährenden Schwebezustand,
sieht aus wie ein Elefant,
der sich als Tintenfisch verkleidet,
fliegt auf einer Wolke über den Schreibtisch,
wo ordentlich sortiert
Blätter mit Skizzen liegen,
verwandelt sich in einen kiwigrünen Mann,
den ein ziegelrot verstaubter Elefant
auf dem Rücken trägt.

Seine Bewegungen sind langsam
wie in Zeitlupe gedehnt.
Mit dem Rüssel spielt der Elefant
Bassklarinette, mal kehlig röchelnd,
mal brummend.

## Im Herz des Riesen

Durch den Wald mäandert
der smaragdblaue Fluss.
Auf dem Felsen neben dem Wasserfall
sitzen die Bäume wie haarige Spinnen.
Der Weg wird schmaler.
Äste ragen hinein.

Huch geht in geduckter Haltung
durch dichtes Wirrwarr dünner Stämme,
die wie Korkenzieher gewunden sind,
folgt einem tanzenden Löffel,
springt über eine Pfütze,
dringt in eine Höhle,
hängt wie eine Fledermaus an der Decke,
sieht die Sekunden wie Bienen
von Blüte zu Blüte schwärmen.
Eine Biene schenkt ihm
einen Brief aus der Zukunft.
- Schreibe mir bald zurück,
aber ohne Hast.

Aus einem Häufchen von Werbeprospekten
ragt ein Hochglanzblatt hervor.
- Das Walross im Zoo redet mit dir.
Huch wandert durch das Innere
eines schlafenden Riesen.
Durch eine Tür gelangt er ins Herz.

## Wiedersehen

Im verwunschenen Wald
mit verknotetem Wurzelwerk wabert Nebel
zwischen den mit Moos bewachsenen Stämmen.
Über den Hang wandert ein Lichtfleck,
als würde die Sonne
jeden Grashalm durchleuchten.
Der Wasserfall stürzt ins Felsenbecken,
das Farn umwuchert.

Ein Baum verwächst mit der Hausfassade.
Das seidenbezogene Rokokosofa
rutscht langsam über den Balkon
auf die Äste hinaus.
Huch erwacht bei den Libellen,
die sich auf den Blättern sonnen.
Regenbogenfarben schillern
auf ihren Flügeln.

Ein Fisch mit Huchs Gesicht
klebt den Zeiger der Uhr fest.
Der Igel, der versucht, den Hasen zu spielen,
rollt den Kunstrasen ein, liest in den Karotten,
was die Zukunft bringt.
Huch hört die Wolken
am Himmel singen.
- Es ist nicht das erste Mal,
dass wir dich sehen.

## Auf eigenen Füßen

Büsche, hin und wieder ein Baum,
wilde Blumen und Gräser wachsen
entlang des Pfads,
der dem schmalen Felsengrat
zum Aussichtspavillon folgt.
In der geschützten Bucht
schimmern das Türkisgrün
und der schwanenweiße Schaumrand des Sees.

Huch stellt sich vor, er würde wie ein Molekül
unter dem Mikroskop aussehen,
tritt auf eine Wolke, redet mit der Prinzessin,
die Erbsen schält.
Über allem liegt
ein erbsengrün überhauchtes Licht.

Er greift nach dem Mond,
der mit dunklem Splitt und Haufen
von Kleidern, Schuhen, Masken
bestreut ist, streicht mit einem Pinsel
über die Augen des Drachen,
weckt ihn zum Leben,
bringt Ordnung in gestreifte,
geblümte und anders bedruckte T-Shirts.
Ein Shirt trägt eine Fußnote
mit dem Satz.
- Ich kann auf eigenen Füßen stehen.

**Die Botschaft der Bienen**

Zwischen dem See und den steilen Felsen
schlängelt sich der Uferweg entlang.
Seerosen bedecken die Bucht.
Im Schatten hoher Bäume schimmern
geknüpfte Tücher, Muschelketten
und Schmuck aus Kernen.
Der Windhauch bringt
eine Flaumfeder zum Tanzen.
Huch kippt ein Häufchen Steine aus,
sucht einen Stein aus und hält ihn.

Eine blumengeschmückte Limousine
fährt vor. Die Fahrerin trägt
eine grelle Perücke und Clownsnase.
- Egal, was passiert, gib nie auf!
Angestellte drängen sich auf dem Gehsteig,
rennen zum Snackautomaten.
Die Leuchtschrift meldet.
- Natürlich müsst ihr euer Bestes geben.

Im farbigen Bienenstock
schlingen sich pinkfarbene, maisgelbe
und tiefblaue Waben ineinander.
Huch sieht eine Schrift.
Ein Buchstabe steht unter dem anderen,
jeder einzelne von Neonröhren umrahmt.
- Auf Wiedersehen! Nimm es ruhig!

Eine Frage der Libelle

Eine Frage der Libelle

Eine Frage der Libelle

Eine Frage der Libelle